ÉTRENNES D'UN BOURGEOIS DE PARIS

A SES CONCITOYENS.

Français,

Vous laisserez-vous encore tromper par la jalousie des savants? Vous savez qu'en 1807 le savant Lebon vous a fait connaître la supériorité de l'éclairage au gaz, que la calomnie des savants et des épiciers vous ont fait refuser.

En 1804, Fulton fait le bateau à vapeur que l'on voit remonter la Seine à Paris, et les savants de l'Académie et de la marine osent dire malgré que toute force peut s'appliquer à tout, que la vapeur ne pouvait faire aller les vaisseaux sur la mer, et cette absurdité a été acceptée, lorsque des corsaires à vapeur auraient ruiné le commerce des Anglais et forcé à la paix, ce qui aurait évité la guerre de Russie, les deux invasions, la ruine de la France et la chute de l'Empire.

En 1816, l'ingénieur lyonnais Schwickardi prouve aux architectes de Paris par un plancher fait en solives de tôle double la force et la résistance de la tôle et son économie et propre à rendre les maisons incombustibles, les architectes refusent cette charpente et ne veulent que créer les assurances contre les incendies. L'inventeur n'a obtenu l'emploi de la tôle que dans douze constructions de maisons, et on le ruine par de coupables perfidies, et on n'emploie plus la tôle que pour remplacer les barres de fer du pont d'Asnières qui s'étaient cassées et d'autres à nombreux ponts à présent, mais pour les planches des maisons il est visible pour tout le monde qu'ils ne les font qu'en fer, que pour y mettre entre les solives des briques creuses inutiles mais qui bouchent des deux bouts par le plâtre, et les incendies commençant toujours par le feu des marchandises ou mobilier, leurs flammes chauffent l'air renfermé dans les briques feront explosion et blesseront les locataires et pompiers, et les flammes passeront plus vite d'étage en étage jusqu'aux mansardes et le toit, plus vite les communiqueront aux autres toitures et plus grands seront les dégâts, et leur ayant fait connaître ces dangers ils ont continué d'employer ces briques, et plusieurs constructeurs ont répondu que si un quart de Paris pouvait brûler, pour le rebâtir ils y feraient tous fortune!

La fatalité veut donc que Paris soit brûlé, car on a publié ces dangers à éviter; on sait qu'on s'est aussi servi des boulettes incendiaires dans trois années de mauvaise récolte pour brûler les fermes, pour affamer le peuple, ce qui leur a fait faire après nos trois révolutions, et ces dangers publiés personne ne s'est occupé de faire adopter l'emploi de la charpente en tôle, seul moyen d'éviter les incendies et les révolutions.

Depuis vingt ans, le même ingénieur Schwickardi, ruiné, n'a pu que faire un cheval mécanique, où l'homme se tenant droit a le pied droit sur un étrier suspendu à un grand levier de deux mètres où est attachée une corde passant sur une poulie fixée au plancher, et la corde passant après sur une poulie fixée à un grand levier en face de l'homme qui tire cette corde de sa main gauche, lui donne la force de ce levier et sans effort, et le poids de son corps, il soulève de deux à trois cents kilos placés sur le levier qui dépasse d'un mètre le support de ce levier, et ce qui prouve qu'il a cette force sans la fatigue qu'on a à tourner une manivelle où l'homme n'a la force que de sept kilos, et si on attache ce levier à la bielle tenant à la manivelle de la mécanique à scier le bois, on conçoit qu'il lui communique de même une force égale du poids qu'il a pu soulever facilement, et ce qui a servi près d'une année à un menuisier dont la femme monté sur le cheval mécanique suffisait pour lui scier tous ses bois.

Le dessin du cheval mécanique donné à trois professeurs en mécanique
et autres savants pour faire des rapports sur cette curieuse invention, ont
tous refusé de venir constater la force que ce cheval mécanique donne aux
hommes, et pour s'en excuser, ils prétendaient qu'il est impossible de créer
de la force en mécanique, ce qui est vrai; de même, disent-ils, qu'on ne
peut pas profiter de la force du poids des hommes sans alléger le poids de
leurs corps; mais sur le cheval mécanique, comme l'homme tire la corde
parallèlement, il ne diminue pas le poids de son corps. Cette juste réponse
suffit pour faire voir leur jalousie de cette invention, étant breveté et ne
pouvant en tirer profit pour eux en s'en emparant, et ce qu'ils en font pour
toutes nos plus utiles inventions, ils en veulent à l'inventeur et ils l'ont dit
aliéné ou intrigant et l'ont empêché par leur fausse objection de pouvoir
être reçu par les souverains, princes et ministres qui peuvent faire adopter
ces inventions, calomnié par les jaloux savants à qui seuls le public et
les journalistes accordent leur confiance; c'est ce qu'a éprouvé le métier
Jacquard qui, refusé, n'a été adopté qu'après que Jacquard a été présenté
aux Tuileries par Chaptal à Napoléon Ier, ce qui a fait la seule invention importante adoptée en France avant les étrangers; les calomnies des jaloux
ne pouvant plus exister. on les adopte après eux en France, vingt ou trente
ans après leur refus en France.

Les roues ont été la plus belle invention, vu qu'elle a donné aux hommes
la force de traîner six fois plus lourd qu'ils ne peuvent porter, mais le cheval
mécanique qui est encore plus merveilleux vu qu'il donne aux hommes plus
de trente fois plus de force qu'ils n'en ont en mécanique, et transport sur
chemins de fer, sur mer et route et plus que les chevaux de vapeur qui n'ont
que cinquante à soixante kilos de force en mécanique et que quarante sur
sur mer et chemins de fer. et en supprime tous les dangers d'explosion, incendie, naufrage et déraillement et un quart ou sixième d'économie journa-
lière.

Tous les jours avant dix heures ou en le prévenant, on peut s'assurer de
la force que donne le cheval mécanique aux hommes, *rue Saint-Maur*, 220,
près l'hospice Saint-Louis.

Typ. Nairse-Jousset et Cie, à St. Denis (Hte Loire)

ÉTRENNES D'UN BOURGEOIS DE PARIS

A SES CONCITOYENS

OU

MÉMOIRE

Adressé à tous les habitants de Paris et Français qui ont échappé aux grands dangers du fléau des incendies et des révolutions auxquelles on est encore exposé, voulant leur faire connaître ces dangers, ainsi que les procédés à l'aide desquels on est parvenu à pousser le peuple à lui faire changer trois fois son gouvernement. Procédé qui expose aussi Paris, comme tout autre ville, à être détruit par l'incendie sans pouvoir s'y soustraire que par les moyens infaillibles ; moyens que ces dangers toujours permanents, ont fait chercher et trouver à un ingénieur Lyonnais, *mais que*, toujours repoussés par tous les constructeurs et les compagnies d'assurances, et révolutionnaires, et qui profitant avec ruse *de l'insouciance publique, sont parvenus à le faire ruiner, persécuter et conduire à Bicêtre en* 1847 (1), pour l'empêcher d'annoncer que la révolution qu'il avait dit, qui se préparait dès 1843, allait éclater, n'ayant pas voulu l'écouter ni accepter les préservatifs qu'il avait proposé afin d'éviter les triples fléaux des *incendies, famine et révolution*. Comme nous allons le démontrer, on a pu alors encore nous faire la troisième révolution de 1848, très-facile à éviter d'après la découverte des moyens employés et des procédés pour les paralyser.

Cet ingénieur, né à Lyon, après avoir échappé aux incendies des fermes et du siége de Lyon et de l'arsenal de cette ville, on ne pouvait reconnaitre le moyen employé pour l'incendier.

Il prêtait l'oreille à la discussion et y entendit ex-

---

(1) Comme étant fou, où le médecin le fit mettre en liberté comme ne l'étant pas.

pliquer, dès l'âge de dix ans, les moyens dont on s'est servi pour faire notre première révolution, mais qu'on ne crut pas alors, pourra-t-on en douter aujourd'hui, quand ils ont été employés pour faire nos deux dernières? et que celui qui, pour nous en préserver, les avait préconisées et annoncées, les moyens trouvés par lui de les éviter. Loin de là, puisque, en 1847, il a été conduit à Bicêtre, le disant fou de l'annoncer pour la fin de 1847; il ne se trompait donc que de quelques mois.

C'était même aussi ce procédé, disait-on en 1792, et qui consiste dans les moyens retrouvés depuis, dont on s'est servi pour brûler Sodome, incendiée avec des boulettes, lesquelles, humectées, fermentent et s'échauffent et s'enflamment plus ou moins vite, et à volonté, en quelques heures ou en quelques jours, après qu'on les a jetées dans différentes maisons, et qu'il suffit de vingt boulettes pour pouvoir incendier toute une ville, toute une contrée, d'autant plus facilement que l'auteur ne peut être connu, ayant le temps de quitter le pays, et qu'il a pu ainsi nous soumettre à cet affreux désastre.

Pour preuve que ce moyen existe, et qu'il est toujours connu, c'est que l'on a vu que le foin, rentré mouillé, s'échauffe jusqu'au point de s'enflammer, et même les fumiers s'échauffent également, et quelquefois aussi jusqu'à s'enflammer. De plus, un artificier de Paris a dit à ce sujet à la Société d'encouragement qu'il pourrait incendier Saint-Pétersbourg, et être rendu à Paris quand l'incendie y éclaterait.

Or, Paris, disait-on, est très facile à incendier (1), les maisons ayant leurs toits à grandes pentes et mansardes, et des pans de bois et des escaliers n'ayant la plupart que les murs en façades et les cheminées en pierres comme celles que l'on nous construit encore à présent.

Si Paris, disait-on, n'a pas encore été détruit par l'incendie, il faut en rendre grâce à la Divinité, car, ne pouvant connaître le coupable, on aurait dit comme pour Sodôme, que c'était une volonté du ciel d'avoir fait la révolution par punition.

En province, on dit encore aujourd'hui que Lyon doit périr par les eaux, vu sa position, et Paris par le feu, vu ses mansardes, ses pans et ses escaliers en bois; et si nos ennemis si jaloux de Paris ne l'ont pas encore brûlé avec ces boulettes, on n'en peut pas moins prouver aujourd'hui que, pour mieux nous ruiner, ils s'en sont servi à leur profit pour faire nos trois révolutions (2).

On sait que les Anglais, après avoir laissé trancher la tête à leur roi pour se mettre en république, ce qui les avait

---

(1) En effet, on peut se rendre maître de deux ou trois incendies, mais de vingt, il serait impossible. Combien de villes ont été incendiées par deux ou trois de ces boulettes, comme Hambourg et autres villes.

(2) En effet, révolution de 1789, la première, après une mauvaise récolte, les incendies des fermes et révolution; 1829, mauvaise récolte et incendies des fermes; 1830, révolution; 1846 et 1847, années de mauvaise récolte, fermes incendiées et révolution en 1848; 1853, mauvaise récolte, pas d'incendies des fermes et point de révolution; 1794, mauvaise récolte, point d'incendie, point de révolution, preuve donc de ce que nous avons expliqué, et les autres disettes sans incendies, il n'a pu y avoir de révolution.

ruinés pendant huit années, avaient repris leur dynastie détrônée, que la France avait protégée pour pouvoir dominer le roi et le remettre sur son trône, ce que les Anglais apercevant et la France fomenter les partis pendant vingt-deux années pour en finir après trente ans de révolution, ils se décidèrent à renvoyer une seconde fois leur famille royale et prirent pour roi et pour les gouverner un prince d'une autre famille. Dès cette époque date leur accord et leur prospérité, un moment arrêtée par la France, qui, après avoir profité alors de leurs trente années de révolution, leur fit encore perdre l'Amérique, leur plus importante colonie, composée de douze millions de contribuables. Forcés de la remplacer (ce ne pouvait être que les Grandes-Indes), mais le roi Louis XVI, protecteur de leur roi Tipo-Saïb, est l'auteur de la révolte de leur colonie par l'envoi de La Fayette et autres en Amérique, pour se venger et pouvoir conquérir l'Inde avec ces cent trente millions de contribuables au lieu de douze.

Ce fut alors qu'ils furent amenés à se lier à un riche et ambitieux prince français qui, pour pouvoir nous ruiner comme eux, en nous faisant passer par tous les faits et malheurs qu'ils avaient éprouvés dans leur révolution par notre participation.

On le sait par tous les événements rapportés par l'histoire, qui le prouve, mais sans en expliquer les principaux auteurs, ni les moyens employés, ni le moment attendu pour en faire usage et par leur entière réussite, comme le prouvent nos trois révolutions, qui, et après s'être préparé l'appui des ambitieux haut placés du pays, et des hommes tarés, mécontents, dont on fait ses agents et correspondants secrets, par titres et emplois, et surtout par l'argent qu'on leur fait avoir ; puis ils s'organisent en outre pour opérer une coupable industrie qui leur procure d'énormes bénéfices au détriment du peuple.

On attend l'occasion d'une mauvaise année de récolte où les fermiers, prévoyant alors le renchérissement des céréales, les conservent dans leurs greniers. Des millions sont aussitôt avancés à leurs affiliés pour accaparer les blés et pour forcer les fermiers à les leur vendre ; ils font incendier les fermes (*ce qu'on a fait*), ayant la facilité de jeter de ces boulettes incendiaires sur les habitations en chaume et les maisons en murs et pans de bois sans crainte d'être découverts, qui, comme nous l'avons déjà dit, ne s'enflamment que longtemps après dans les fermes où on les a jetées.

On conçoit alors que le fermier non brûlé, mais craignant de l'être, se décide à vendre son blé à ces agents accapareurs qu'on a munis d'argent, et qui vont eux-mêmes l'acheter sur les lieux afin d'empêcher qu'on le porte dans les marchés. C'est ainsi qu'ils le font augmenter jusqu'à le revendre le double de ce qu'il leur a coûté ; ce qui fait par conséquent que le peuple, par ce procédé, paie le double de ce qu'il devrait le payer : que, ruiné et mécontent, l'année d'après il ne peut plus rien s'acheter. Les marchands vendent moins, sont aussi mécontents ; les fabriques travaillent peu, les ouvriers sont renvoyés ; on jette aussi des boulettes sur ces fabriques pour ôter encore le travail aux ouvriers ; en un mot pour ruiner notre industrie. Dans ces circonstances, de tous ces maux on accuse le gouvernement, qui n'arrête pas les incendiaires (ce qu'il ne peut faire, comme on le voit); alors on parle de pacte de famine pour s'enrichir en faisant mourir le peuple de faim, et cet argent, ainsi gagné, fait les frais pour fournir des chefs de partis, de la poudre et des fusils au peuple, qui renverse le gouvernement, et fomente après les partis par le plus révolutionnaire, et ruinent ceux qui ont le pouvoir. La guerre civile est allumée en protégeant les partis opposés au pouvoir nouveau qui est renversé, que l'on protège de nouveau pour qu'on puisse le dominer comme l'ayant protégé, lui faire faire même des sottises pour pouvoir plus facilement le renverser encore à l'aide du parti à qui on avait promis le pouvoir en premier lieu, et, par une seconde révolution (1330), lui faire avoir la couronne qu'on lui avait promis à la première, sauf, après avoir pu obtenir avec lui tout ce qu'on a pu, de le renverser de même après la première année d'une mauvaise récolte, ce qu'ils ont exécuté en 1848.

Mais aujourd'hui que la France a su reprendre la dynastie de celui qui nous avait retiré de la misère de notre première révolution, et dont l'Angleterre, pour pouvoir nous faire passer par toutes les calamités de ses trente années de révolution qu'elle avait éprouvée; après que Napoléon eut forcé l'Autriche par ses victoires à faire une seconde fois la paix, et repoussé l'armée autrichienne qui, ayant franchi nos frontières, était prête à nous envahir, vu le désordre de nos armées, le parti de la paix en

Angleterre venant de remplacer au pouvoir celui de la guerre, Napoléon en put obtenir la paix. Deux années après, le parti de la guerre revenu au pouvoir nous redéclara la guerre, à l'aide des 130 mille nouveaux contribuables Indiens et son grand commerce maritime, *favorisé par les guerres en Europe.* On conçoit qu'à l'aide de ces grands profits, ils payaient tous les puissances étrangères pour nous faire la guerre et nous ruiner aussi sous l'apparence de n'en vouloir qu'à Napoléon pour que nous l'abandonnions, et nous ramener comme à eux la famille qu'ils avaient fait détrôner. Ceci, comme nous l'avons démontré, sous le but de nous ruiner par de nouvelles révolutions.

Mais aujourd'hui qu'ils nous ont si bien fait payer par les mêmes intrigues les calamités et les pertes que nous leur avions fait éprouver, ils doivent n'ayant rien à redouter de nous laisser en paix avec un Napoléon qui est le seul gouvernement français que nous ayons eu depuis 60 ans. *Excepté celui de Napoléon-le-Grand, tous les autres n'ayant été formés que de Français trompés, abusés ou achetés et dominés par eux,* les Anglais nous gouvernaient, on le conçoit. Louis XVIII ayant dit qu'après Dieu il devait sa couronne aux Anglais qui les avaient tous fait rentrer en France.

On peut donc espérer qu'avec Napoléon III qui ne leur doit rien, ils ne pourront pas à notre détriment le dominer, et que n'ayant, par leur position en Europe, rien à craindre de la France, mais tout à craindre de la Russie devenue si puissante qu'elle seule peut les ruiner en s'emparant de ses colonies des Indes et leur boucher le passage en Égypte, si elle devient maîtresse de Constantinople, elle se trouve donc naturellement amener à rechercher l'alliance de la France, pour pouvoir arrêter la Russie dans ses plans de conquête, ce qui nous a décidé à publier franchement les moyens de vengeance employés, et dans la crainte que la Russie ne s'en serve contre nous, aussi par vengeance, de publier les préservatifs cherchés et trouvés par l'ingénieur Schwickardi.

Malgré le danger qu'il y a parfois à publier des vérités, et notre inventeur en est un exemple, nous avons cru devoir publier les moyens qu'il a su et trouvés, de nous en préserver, ces moyens étant de faire avec économie et facilité toutes les constructions plus solides et incombustibles et plus économiques que le bois.

On conçoit que pour conserver les incendies on nous ait fait adopter les compagnies d'assurances, ce qui a fait au contraire augmenter les incendies par le fait d'une assurance trop élevée et moins de prévoyance, ce qui augmente la perte de la fortune de la France de bien des millions par année, que lui épargnerait l'adoption générale de notre ingénieur Schwickardi. Et comme les constructeurs, ainsi que les compagnies d'assurances profitent toujours des incendies, on est parvenu sans peine à en faire ses ennemis acharnés à sa perte, ennemis qui par leur influence, le poursuive dans toutes ses entreprises, pour le ruiner, lui ôter même l'appui de ses fils, à l'aide des idées socialistes et révolutionnaires, qui leur ont été insinuées dans le phalanstère fondé à Citot par l'anglais Yong, (Citot près Dijon). Yong après qu'il eut donné 100 mille francs à Paris pour fonder le premier journal socialiste la soi-disante *Démocratie pacifique*, en 1842 et comme en 1842 on venait de ruiner Schwickardi en l'expropriant de ses deux maisons modèles qu'il avait construites à Passy.

Ne sachant que devenir, un compère le fit venir à Citot sous le prétexte qu'on y adopterait son système de maison incombustible, à terrasses et à jardins, comme celles de Passy, dont on l'avait dépouillé, mais il ne trouva à Citot que 130 phalanstériens, gens la plupart tarés, ou dupes, qui venus en nombre à peu près égal, de Paris, du Lyonnais, de la Bretagne et de l'Alsace, formant quatre prétentions à la domination et ne pouvant être d'accord entr'eux.

Notre inventeur leur donna un moyen pour empêcher le désordre ; mais étant allé passer un mois à Lyon, en janvier 1843, à son retour il trouva son moyen d'ordre et d'économie abandonné, et d'autres faits qui lui prouvèrent que l'Anglais Yong n'avait eu en vue que de former un noyau de socialistes révolutionnaires de quatre départements éloignés, pour les renvoyer en suite dans les quatre coins de la France (ce qu'il fit 3 mois après son départ), pour y préparer une nouvelle révolution, à la première année de mauvaise récolte, ce qui le fit quitter Citot et revenir à Paris, où il parlait de la nouvelle révolution qu'on nous préparait. Mais on lui disait qu'avec Louis-Philippe et les fortifications, toute révolution était impossible. Il répondait que les fortifications finies on aurait une troisième révolution ; on le taxait alors de voir tout en mal et de perdre la tête, ce que l'on fit croire à ses fils pour qu'ils abandonnassent leur père dans sa misère.

Ces deux fils, ingrats et dénaturés, sans aucun sentiment (tenant de leur mère), en leur promettant protection on les fit les ennemis de leur père.

C'était la bande noire des Hourdequin, qui déjà l'avait ruiné, où il y avait beaucoup d'entrepreneurs et d'assureurs, qui, par leur puissance et leur compérage étaient parvenus à le calomnier et à faire croire que son terrain n'était que des carrières fouillées, peu solides ; que ses maisons étant en danger d'écrouler, on les ferait démolir par mesure de sûreté publique, que l'on y ferait passer une rue avantageuse à ses voisins. Ce qui fit, qu'au moyen de ces faux bruits qu'ils firent courir, on l'empêcha de louer ses maisons, de vendre sa propriété à sa valeur et pouvant rapporter 3,000 francs de revenu annuel.

Il ne put pas même payer une rente de 800 francs parce que ses ennemis s'étaient rendus possesseurs de l'hypothèque de 14,000 fr. et l'ayant ainsi poursuivi de leurs calomnies, il ne put trouver à emprunter pour les rembourser, et il la laissa vendre ; par leur fait, ayant ainsi éloigné tout acquéreur sérieux, eux seuls présents purent l'acheter et se la faire adjuger pour 15,000 francs (1) à un compère. Celui qui en est devenu acquéreur à ce prix par ses vaines calomnies, fut contraint par ses acolytes constructeurs, deux années après, de leur laisser démolir la maison en plancher en tôle et à couverture d'une terrasse à jardin qui, planté d'arbres

____

(1) Valeur seulement du terrain et matériaux.

à fruits depuis 12 ans, rapportait cerises, poires et pommes, des dalhias superbes et autres fleurs n'ayant donné aucune humidité dessous ; sans frais de réparation, et ils la démolirent sous ce faux prétexte qu'elle gênait pour la rue projetée et devant passer dans le jardin et après sa démolition en 1844. Cependant depuis cette époque ils n'ont pas encore fait leur rue.

Schwickardi, par ces faits criminels qu'il pouvait prouver, et que nous venons d'esquiscer ici, en fit des écrits qu'il distribua dans Passy, et ne pouvant démentir la véracité de ces faits, ils répondirent que ces écrits étaient l'œuvre d'un fou qu'on ne pouvait que mépriser.

Voulant même prouver qu'il était véritablement fou, et en cherchant à le faire mourir de chagrin, on l'accusa, pour le faire arrêter, d'avoir menacé de meurtre le maire de Passy dans ses fonctions, quand il pouvait être prouvé qu'il y avait plus de quatre années que Schwickardi ne l'avait vu et ne lui avait parlé.

Enfin, arrêté et mis à l'infirmerie, en entrant en prison, sans être malade, mais voulant le considérer comme fou ou pour chercher à l'y faire devenir, ils ne pouvaient cependant prouver leurs fausses dénonciations en justice, et Schwickardi ayant écrit au procureur du roi alors pour demander que justice lui soit rendue, on lui dit le lendemain qu'il aurait sa liberté et, au lieu de la lui donner, on rechercha tous les moyens de le rendre fou ou de le porter à quelque esclandre ou résistance susceptible de le taxer réellement de folie. Mais, voyant le piége qui lui était tendu, il conserva toujours son sang-froid, sans se livrer à aucun excès, malgré tant d'injustice à son égard.

Le médecin de Bicêtre, où il était détenu, ordonna sa mise en liberté ; mais, au moment de son arrestation, on avait saisi chez lui tous ses écrits et notamment ceux dans lesquels il annonçait, comme il l'avait dit à ses connaissances, que la révolution éclaterait vers la fin de l'année 1847, et comme dans ses papiers se trouvaient aussi les preuves incontestables de ce qu'il avait écrit contre ses ennemis, la puissante bande noire des Hourdequin a su se faire remettre tous ces papiers.

Car ainsi, après sa sortie, malgré toutes ses demandes, démarches et réclamations, tant à la Préfecture qu'au Palais de Justice, on n'a jamais pu retrouver ces papiers.

On conçoit qu'après tant de persécutions et ayant même failli quatre fois d'être tué sans en pouvoir poursuivre les auteurs, il fut contraint de rester dans une mansarde et en garni, et chacun sait qu'à Paris, une fois vieux et sans nuls moyens de se mettre proprement, les connaissances se sont bientôt éloignées, et que l'on est forcé alors de vivre dans l'obscurité sans mot dire dans la crainte d'attirer encore sur soi la haine et la vengeance de ses puissants ennemis. Et, ce n'est que l'espoir de trouver un homme aussi dévoué que lui à la conservation de son pays, qui lui fait supporter encore sa triste existence avec courage et résignation. Oui, ce n'est que l'espérance qui le soutient. car, n'ayant jamais fait que le bien en sa vie, cette espérance

conduit l'homme honnète au tombeau comme le re-
mords y conduit toujours le criminel.

Mais, nous, craignant que par son grand âge (73
ans), il succombe à sa misère et sous le piége de ses
ennemis, ne voulant pas, pour l'honneur de la France,
qu'il aille mourir à Bicêtre comme Simon de Caut,
l'inventeur de la vapeur, que les ignorants et les jaloux,
savants, gens spéciaux de ce temps, y laissèrent mourir,
en l'ayant fait passer pour fou, *crime d'iniquité et d'in-
gratitude qu'il convient encore d'éviter à nos contem-
porains,* nous conservons aussi l'espoir d'une meilleure
fin pour notre inventeur Schwickardi, qui a fait, en
outre, de très importantes découvertes et inventions,
que sa misère lui ont empêché de faire imprimer ou
exécuter, *ce qui serait une grande perte pour l'humanité.*

De même qu'un lord anglais qui vit l'inventeur de la
vapeur, qui lui remit ses mémoires d'invention, ce qui
fait qu'aujourd'hui cette invention est passée à la pos-
térité, nous nous sommes décidé, pour le bien de notre
pays, à donner un faible aperçu des découvertes et des
services qu'a déjà rendus Schwickardi, et de plus grands
encore qu'il voulait rendre à son pays, s'il eût été entendu et compris des hommes voués au bien-être de
l'humanité, que nous nous sommes décidé, dis-je, à en
publier ces quelques notes, dans l'espoir qu'un bon et
loyal Français, ou un étranger peut-être, lui facilitera
les moyens de publier ouvertement ses inventions et ses
découvertes.

Nous disons : ou étranger peut-être, car, il faut l'avouer ici à la honte de la France ingrate pour ces grands bienfaiteurs, que ce fut encore un Anglais qui donna une somme de 3,000 fraucs à l'inventeur Cointreau, réduit à la misère, pour entrer à Sainte-Périne, où il mourut en 1824, exempté au moins d'aller mourir à Bicêtre.

Cet ingénieur Cointreau était inventeur de solides constructions rurales en murs sans bois et économique, et aussi de la conservation des blés, ce qui l'avait fait ruiner et manqué de périr à Amiens par une révolte de maçons, qui démolirent sa maison modèle, étant moins sujette aux incendies que les maisons rurales de la Picardie. Tous ces faits, quoique bien connus de Schwickardi, qui était son compatriote, ne lui firent pas abandonner l'intention bien fixe de faire des maisons incombustibles ; mais, connaissant les dangers des inventeurs que nous venons de citer, lui fit offrir le procédé de sa charpente incombustible dont il avait fait un premier essai et une expérience qu'il avait envoyés au ministre dans le but d'obtenir la simple récompense qu'on voudrait lui donner (les ministres ayant seuls le pouvoir de la faire adopter, la réponse fut un refus, refus qu'il a cité dans sa prise de brevet qu'on peut lire, et que c'est ce refus qui le détermina à le prendre, ayant l'intention de céder son brevet.

Après une deuxième expérience publique au gouvernement, charpentiers et serruriers, tous refusèrent encore et il ne put obtenir du ministre de la guerre : 1° que l'essai sur un plancher d'expérience à l'ancienne Manutention ; 2° une expérience à Vincennes, où la charpente en tôle résista à la chute des bombes et boulets ; 3° puis un grand plancher de la buanderie qui existe encore au Val-de-Grâce, et, malgré les rapports les plus avantageux faits sur cette invention, et en avoir recommandé l'emploi au ministre, on a pourtant cessé de l'employer en France. Ce n'est que l'Angleterre et la Russie qui ont su en faire un emploi merveilleux en construction, et qui ont su profiter de ce que Schwickardi a fait la sublime découverte de la cause physique des dangers de l'emploi des gros fers forgés, de la supériorité et solidité de la tôle et fils de fer, découverte faite par lui il y a 40 ans, et qu'il n'a pu parvenir à faire adopter cet emploi du fil de fer et de la tôle que pour les ponts suspendus, chaudières à vapeur et bateaux de tôle, que, malgré la preuve incontestable de cette solidité, on a persisté à ne pas l'employer pour les constructions d'habitation ; or, ne voit-on pas clairement que ce ne peut être que pour conserver encore les incendies et pour s'appliquer le mérite de la découverte après la mort de l'inventeur, et aussi les plus pressés à vendre et à faire passer ce procédé aux étrangers. Il connaît les deux ingénieurs qui ont fait passer ces plans en Angleterre et en Russie.

L'ingénieur Laniel, dont le frein fut reconnu le meilleur par les ingénieurs des ponts et chaussées et par l'Académie qui lui accorda deux prix il y a plus de 15 années, qu'il n'avait pu faire adopter en France, et qui est adopté depuis longtemps sur tous les chemins de fer étrangers, en remplacement des freins anglais que nos ingénieurs des ponts et chaussées nous ont conservé. L'inventeur quoique plus âgé encore que Schwickardi, n'étant pas mort, ils ont su faire profiter les étrangers, et ce ne sera qu'après sa mort qu'ils lui en revendiqueront le mérite.

Cependant lors de la grève des charpentiers en 1844, ils furent en quelque sorte forcés d'accepter le système de charpente de Schwickardi, lequel posé sur champ à 4 rebords, mais qu'ils ont fait en fer laminé. Ce n'a été que pour pouvoir construire plus solidement, qu'ils avaient fait le pont biais du chemin de fer d'Asnières, qu'ils ont pourtant été obligés de faire avec la tôle posée sur champ à 4 rebords, après l'avoir refusé pour l'emploi de la tôle à Schwickardi à sa première construction, et ils font d'après cette grande réussite de ce dernier pont en tôle, la plupart des ponts du chemin de fer de ceinture de Paris, et vantent la force et l'économie de la tôle que l'ingénieur a su tirer, après l'inventeur anglais qui l'avait employé depuis quelques années (seulement), et Schwickardi est breveté depuis 15 ans, on a écrit au rédacteur d'un journal pour revendiquer l'invention de Schwickardi, ils ont gardé le silence. On a demandé l'assistance judiciaire pour pouvoir poursuivre son contrefacteur, mais son contrefacteur, porteur d'une croix d'honneur, a pu faire rejeter cette demande.

En 1812, l'ingénieur Schwickardi donna à ses chefs un nouveau plan très nécessaire, ils ne l'adoptèrent pas, mais saisissant une occasion de réforme d'employés, ils y comprirent Schwickardi, et huit années après forcés d'adopter son plan, on s'en donna le mérite et on obtint croix d'honneur et avancements successifs. Eux pourtant qui avaient fait perdre par ce retard seize millions au Trésor. Ce plan n'ayant été adopté qu'en 1828 et ayant fait un bénéfice pour le Trésor de plus d'un million par année, ils sont aujourd'hui à la retraite avec six ou huit mille francs de pension, et l'inventeur, malgré toutes ses démarches et promesses de le réintégrer, ils le laissent aujourd'hui dans son grenier pour récompenses des produits de son invention.

Pour le second service rendu à son pays et à l'industrie par l'emploi de la tôle, chaudières, bateaux et charpente, fils de fer pour ponts suspendus, on l'a ruiné mis en prison et à Bicêtre, ce service étant encore plus grand que le premier. Est-ce là la loyauté française?

Ce n'est pas encore les seuls services qu'il a rendus ou voulu rendre par des inventions; nous allons en citer brièvement quelques uns; aussitôt, sa réforme.

On sait que pour bien se porter, il faut se conserver les pieds chauds et le corps libre.

Les chauffes-pieds à poussier sont malsains et longs à allumer. Schwickardi inventa un chauffe-pieds à lampe et sans odeur ni fumée que l'on ne fait plus, les ayant mal imités; et, comme les seringues sont embarrassantes et fatigantes à faire fonctionner, il inventa le clyso-pompe (1), dont un bandagiste son voisin osa faussement se dire l'inventeur, et mit encore à jour de nombreux

---

(1) Regardant les lavements comme le remède le plus efficace et naturel, comme préservatif des maladies, et curatif parce qu'il a reconnu que la répulsion du sang en entrant, et le vide qu'il fait après, ramène le sang au centre, ce qui en retire à la partie douloureuse et rétablit son équilibre et la santé en prévient les maladies.

papareils de chauffage, d'éclairage et objets de ménage.

Il pourrait prouver aussi que c'est lui qui a provoqué, par ses imprimés ou démontré, dans ses deux éditions de *Dissertations*, imprimées en 1825 et 1828, sur les vices à supprimer dans les constructions et les rues de Paris, la suppression des insalubres et gênantes bornes et de les remplacer par des trottoirs en bitume sur beton, ce même beton qu'il avait indiqué en premier pour les fondations de la seconde partie de l'église Bonne-Nouvelle ; beton mal composé, mais dont on a mieux fait l'emploi d'après ses observations, et dont la ville de Paris, le gouvernement et tous les constructeurs profitent aujourdhui, tant par son économie que pour sa solidité, de plus comme on peut le voir à sa maison de Passy, construite en 1820 (rue de la Pompe, n° 4), et ses plans en reliefs (1).

La suppression des mansardes, remplacées par des cortes-croisées et larges balcons, les entresols à grandes roisées, etc., etc., et l'ordonnance de police qui oblige les propriétaires de blanchir leurs maisons tous les dix ans, est conforme à celle que Schwickardi fit adopter à Lyon pendant le séjour qu'il y fit en 1843 et que l'Emcereur, après son voyage à Lyon, a ordonné pour Paris. Il est naturel que tout ce qui a procuré de nouveaux travaux aux constructeurs ils l'aient adopté de préférence pe qui leur en ôte, tant que l'insouciance publique, les ministres et les préfets les prendront juges dans leurs

---

(1) Plans qui ont paru aux expositions et que l'on peut encore voir aujourd'hui.

propres causes ; c'est aussi peu réfléchi que si on prenait des voleurs pour juger d'autres voleurs, et qu'ils refusent de voir et d'entendre des honnêtes gens volés, ainsi qu'ils ont fait aux demandes d'audience des inventeurs, ne voulant pas se donner la peine de les entendre. On les renvoie aux gens spéciaux, leurs propres adversaires, ou souvent, sans qu'ils le sachent, les secrétaires les éludent impunément. Tel est l'usage de Paris, où on ne veut pas reconnaître notre faiblesse. Leur conduite est naturelle et ne vent pas se nuiré pour autrui.

Ce même inventeur a deux mémoires à l'Académie des Sciences sans résultat. Il pense que c'est parce que M. Arago avait pour ami un de ceux qui ont voulu lui frustrer une invention qu'il est devenu son ennemi.

Le premier mémoire, de 1841, était que. les académiciens n'ayant pu découvrir calause qui fait que la gélatine pure ne peut nourrir, il priait tous les savants français et étrangers de la rechercher pour la trouver. Notre inventeur, qui l'avait découverte, et de plus qui connaissait les moyens de la rendre nourrissante, en instruisit l'Académie dans un mémoire, et de plus sur les effets de la nourriture différente des peuples, de leur influence sur leur santé, leur force morale et physique, etc.

Le deuxième mémoire envoyé à l'Académie avait pour objet de prendre la date de la découverte faite par lui depuis 37 ans de la cause naturelle, qui produit la grande chaleur que l'on rencontre en creusant la terre, ainsi que celle que produit le soleil et que les savants anciens et modernes attribuent à une matière incandescente, noyau de la terre et du soleil qui brûle toujours sans jamais se consumer, système contre nature et incompréhensible créé par ceux, qui ou veulent tout expliquer pour paraître savants.

Lors du premier choléra, notre ingénieur et observateur Schwickardi pensa que la première cause provenait d'abord d'un effet atmosphérique qu'il avait remarqué, nouvelle pour lui cette année, et contraire aux effets connus. La seconde, une chose terrestre, résultat de la première selon l'état du lieu, et la troisième, pour ceux qui en étaient atteints, à une cause intestinale ou morale.

Pour s'en convaincre, il pensa à désigner d'avance les quartiers de Paris qui en souffriraient le plus, et il pensa que Lyon, son pays, en serait exempt, malgré la grande population agglomérée plus qu'à Paris, et ce que l'événement ayant confirmé, le confirma aussi qu'il ne s'était pas trompé, et, d'après les trois causes reconnues, le préservatif et le remède lui furent démontrés ; il ne vit qu'une dame qui avait confiance en lui et en son remède qui, atteinte de coliques et dévoiement blanc du choléra et à qui il put faire prendre deux verres d'un remède apporté en France par un médecin allemand, dont il avait découvert la composition, qui lui firent cesser promptement ses coliques et son dévoiement blanc.

La Salpétrière ayant été plus particulièrement atteinte de ce fléau, où il y eut plus de 1,200 victimes au 2ᵉ choléra, prévoyant cette cause et voulant se l'expliquer et proposer le remède qu'il avait trouvé, il demanda à ce

sujet une audience particulière au ministre de l'inté-
rieur pour lui expliquer la cause de ce choléra et en
expliquer le préservatif, et a demandé à visiter la Salpétrière ; cette demande lui fut refusée. Renvoyé au
préfet de la Seine pour la même cause, il éprouva le
même refus et fut envoyé à la Salpétrière, où il déclina
le motif de sa visite au directeur de cet établissement,
qui lui dit que le médecin en chef était absent pour huit
jours.

Il y retourna au bout de ce temps et on lui dit que
pour cela il lui fallait une permission en forme de l'ad-
ministration des hospices pour pouvoir visiter la Salpétrière. Sans se ralentir, il alla trouver le chef des hospices qui le renvoya à un chef de bureau, lequel,
après lui avoir expliqué que sa demande avait pour but
de visiter la Salpétrière avec une permission, afin de
la garantir du fléau cholérique dont elle avait été si
cruellement atteinte, par un moyen par lui découvert ;
on lui refusa cette permission, ce qui lui a fait dire :

*Le bien, à Paris, est donc impossible et le mal seul
facile, c'est l'encourager !...*

D'après les dangers que notre jeune Lyonnais avait
entendu dire, dangers que courait Paris, et y étant venu
chez un oncle dès l'âge de 12 ans, après la mort de son
père victime de la révolution à cette époque si vantée de
liberté et d'égalité par nos derniers révolutionnaires (1),
il vit le peuple de Paris dans une parfaite égalité de

---

(1) La plupart abusés par les écrits des auteurs, trompés ou salariés
par nos ennemis ou ambitieux pour obtenir le pouvoir..

misère, en veste et en sabots, rationné par trois quarterons de mauvais pain par jour ; on ne peut pas voir de plus parfaite égalité et de liberté plus grande que celle de parler dans les clubs contre les riches et le clergé, mais contre le gouvernement pas le moindre mot, pas la moindre plainte, la guillotine en faisait la réponse. Aussi Paris étai des t plus tranquille, malgré la famine et les rassemblements à la porte de tous les boulangers pour avoir le pain de la 1re fournée à 5 heures du matin. Victime de ce temps de fraternité, il chercha le moyen de nous les éviter et pensa que ce devait être celui de faire faire des fermes incombustibles pour éviter désormais à la France les famines et les révolutions, et les maisons de Paris aussi incombustibles pour éviter, comme nous l'avons déjà dit, le sort de Sodôme, selon la prédiction. Et pour ce résultat il fit, à l'âge de 20 ans, un voyage à Lyon et dans le midi de la France pour y visiter les ruines romaines et pouvoir y découvrir leur prétendu secret de ciment. Il avait pu visiter aussi avant les Thernes romains, rue de la Harpe, où il avait vu un plancher plat sans bois et la grande voûte, supportant un jardin planté d'arbres fruitiers (1).

Ayant lu que les Romains et les Égyptiens, pour leurs immenses travaux publics, employaient tous les bras valides et inoccupés des deux sexes et de tout âge, ce qui les garantissaient de la plaie du chômage de nos ouvriers, il se dit alors qu'il fallait que leurs moyens de construc-

---

(1) Voûte et plancher que les constructeurs ont fait détruire après que Schwickardi leur eut appris le procédé dont s'était servi les Rómains.

tion fussent plus simples et plus faciles que les nôtres, et c'est naturellement ce qui les lui a fait découvrir.

Ces moyens sont si simples, qu'il disait aux mâçons et autres qu'ils permettraient à nos cultivateurs de construire eux-mêmes leurs habitations sans charpente en bois ni fer et, par conséquent, à l'abri de tout incendie ; mais les maçons lui firent voir par leur réponse qu'il serait exposé à leur vengeance, ainsi que l'avait été l'inureC géniointreau, à Amiens.

Il pensa donc qu'il serait moins exposé à ne mettre que les maisons de Paris à l'abri de l'incendie à l'aide d'une charpente incombustible, avec terrasse à jardin, comme les Thernes de Julien.

Le fer étant le métal le plus abondant, le plus économique, mais connaissant que le meilleur des fers employé pour les essieux des voitures devenait très cassant se cristallisant ; mais disait-on, par l'effet de leur vibration, le roulement des voitures faisant aussi vibrer les maisons, ainsi que les états de marteaux et la danse sur les planchers, la barre de fer pourrait aussi se cristalliser en plancher et finir par se casser, (et ce qui l'a prouvé, c'est que la charpente en barre de fer du marché de la Madeleine, s'est cassée et s'est écroulée comme Schwickardi l'avait prédit à son constructeur (le serrurier Gomel.)

De même la charpente de l'embarcadère de la Rive Gauche, qui a cassé est s'est écroulée au premier grand vent, comme Schwickardi l'avait aussi prédit à l'entrepreneur de serrurerie Turc, décoré, lequel par ruse a forcé Schwickardi à lui céder, à lui seul, le droit de faire sa charpente, en lui promettant un grand bénéfice sur ses travaux ; et cela, pour ne pas en faire et le laisser dans la misère, hors d'état de le pouvoir poursuivre, lui qui était un de la bande des Hourdequin pour la rue Rambuteau, où il venait de s'y construire une belle maison, et il est à remarquer que ces deux écroulements de charpente la nuit a sauvé la vie aux centaines de personnes qui s'y trouvaient le jour, puisque celle qui a écroulé rue de la Fidélité a tué ou blessé les 7 personnes qui se sont trouvées dessous. Mais réfléchissant que le fil de fer de nos instruments de musique, de nos sonnettes et la tôle de nos girouettes qui vibraient ne se cristallisaient pas et ne se cassaient pas, cette remarque lui fit découvrir la vraie cause physique de cristallisation des barres de fer selon leur plus grande épaisseur et par la différence de température qui s'y trouvait au moment que le froid ou la chaleur les frappaient, exposés aux variations de position et de température, ce qui explique aussi que la tôle et le fil de fer, par leur peu d'épaisseur, recevant le froid ou la chaleur spontanément dans toute leur épaisseur, peut s'allonger ou se resserrer sans se cristalliser, et ne se cristallisant pas comme la barre de fer, l'humidité ne peut pas les pénétrer comme elle, et les oxyder intérieurement et moins vite extérieurement ; les enduits gras pouvant les en préserver, n'étant pas gercés par l'effet de la cristallisation, que de plus la filière ou le laminoire en fait découvrir les défauts lorsque les coups de marteaux cachent ceux des barres de fer, etc., etc. Ce qui fait que le seul fil de fer et la tôle sont les seuls fers qui conservent leur force et flexibilité. Telles sont en raccourci les qualités découvertes par lui à la tôle et au fil de fer, ce qui les lui a fait indiquer pour tous les nouveaux emplois industriels que nous avons cités.

Comme plusieurs frustreurs de ces découvertes ont été décorés, il y a douze ans notre vrai inventeur réclama la croix; on lui répondit qu'on l'avait compris pour l'avoir dans la liste préparée pour présenter au roi, et il est encore à la recevoir.

Avant la construction de notre premier chemin de fer, celui de Lyon à Saint-Étienne, on parlait de ceux Anglais allant par la vapeur et faisant 8 lieues à l'heure, et l'histoire romaine rapport que les Romains faisaient sur leurs voies avec des chevaux 8 lieues aussi à l'heure; là notre ingénieur ayant été à Lyon pour y voir notre premier chemin de fer, où on allait avec des chevaux *par économie*, mais qui ne faisaient que 5 lieues à l'heure; il chercha la cause de cette différence, et comme l'on dit, qui cherche trouve. Ayant donc trouvé le procédé, il le proposa encore un mois avant la catastrophe du 8 mai à l'ingénieur de la rive gauche, qui lui répondit que pour l'économie et la sécurité des voyageurs, leur matériel étant fait, il le garderait, et un mois après ce même matériel tua cet ingénieur égoïste.

Nous croyons suffisant ce que nous avons dit sur l'inventeur Schwickardi. Il y en aurait trop à dire si nous voulions entrer dans tous les détails de ses inventions, de ses découvertes, de ses recherches pour le bien de l'humanité, et surtout sur tous les passages et les viscissitudes qu'il a éprouvées pendant le cours de sa vie.

Nous n'y reviendrons qu'autant que ses adversaires voudroient encore en appeler de leurs calomnies.

Nous terminerons en disant : il est vrai qu'il n'est pas le seul qui ait été puni et victime du bien qu'il a voulu faire. Nous citerons Lebon, inventeur de l'éclairage au gaz de la houille, dont les chandeliers et épiciers de Paris ont empêché l'adoption, par une fuite faite à son tuyau dans un café de la rue Montesquieu qui, répandant tout naturellement une mauvaise odeur, firent courir le faux bruit que ce gaz finissait par avoir toujours cette mauvaise odeur, ce que les savants n'ayant pas démenti, on le fit supprimer ; mais les Anglais, mieux inspirés, s'empressèrent de l'adopter et l'inventeur alors alla mourir de chagrin et de misère dans un hôpital. Ce ne fut que longtemps après que Lyon, puis Bordeaux furent éclairés au gaz et plusieurs années avant Paris. Il en fut de même pour les ponts suspendus et les chemins de fer, qui eurent lieu à Lyon avant Paris.

Il y a plus de quinze ans que le *frein* inventé par l'ingénieur Laniel a été reconnu le meilleur des freins pour les chemins de fer, par les ingénieurs du gouvernement et par l'Académie des sciences et, l'auteur vivant quoique âgé, ils sont encore à l'adopter ; mais depuis longtemps ils en ont fait jouir les pays étrangers qui ont remplacé le frein anglais, les Anglais eux-mêmes par le frein français, et nos ingénieurs se servent et ne font que des freins anglais, se trouvent donc encore en retard à son égard, ne voulant pas le faire conaître. Aussi ne prennent-ils pas sa dernière invention, qui rend impossible la rencontre des convois. (Veut-on encore en faire jouir aussi l'étranger avant la France, comme du frein et de la charpente en tôle, etc., etc,).

Par ces réflexions, reconnaîtrez-vous enfin, gouvernants et gouvernés, l'urgence de veiller vous-mêmes à votre sûreté !... (1)

Tel est le but que nous nous sommes proposé en vous faisant part de ces vérités si préjudiciables à votre sécurité et au bien-être du pays. et dont, pour plus amples renseignements, on peut s'adresser ou donner rendez-vous par lettres affranchies.

A M. AUBERT, rue de Cléry, n° 69, à Paris.

---

(1) Les gouvernants sont malheureux quand ils n'ont pour les seconder que des hommes jaloux et égoïstes dans la bureaucratie, et ces hommes prétendent se faire le paradis sur terre, ils ne peuvent y établir que l'enfer, étant sans religion, sans la crainte des cieux, ce qui retient les passions et peut seul nous rendre heureux, aidant à supporter les peines de ce monde, si nécessaire et indispensable pour en jouir du bien.

L'égoïsme et l'injustice bureaucratiques ont été les puissants léviers dont se sont servi nos ennemis et révolutionnaires, pour renverser trois fois le gouvernement, peut-on blâmer leurs victimes de s'en plaindre? Non, mais on repousse toutes leurs demandes; trouverons-nous un protecteur à notre inventeur, forcé de restreindre nos récits sur ces inventions, nous avons eu tort d'omettre son simple procédé de tous les calculs que l'on trouve faits, sans erreur, par le moyen de petits tableaux de chiffres sur almanachs, agendas et portefeuille, de 40 centimes à 1 franc, ou se trouve les calculs faits de toutes divisions, règles de proportions, multiplications, escomptes où intérêts, prix des fractions du mètre et du kilogramme, qu'on peut se procurer, 69, rue de Cléry, ou rue de la Banque, au dépôt des inventions utiles.

CONCLUSIONS.

Ce mémoire est mal rédigé sous le rapport du style, mais il n'en démontre pas moins les vérités, les plus utiles à connaître et notre belle jeunesse, mettant de côté sa vanité, reconnaîtra-t-elle que par trois fois on l'a trompée en lui disant qu'à 20 ans elle était très-éclairée, qu'elle seule était dans le vrai et dans le progrès, *afin que les plus âgés ou expérimentés et les vrais éclairés ne pussent les désabuser,* eux qui avait oublié la fable que, dans leur enfance, leur père leur avaient fait apprendre : « Que tout flatteur vit aux dépens de celui qui l'écoute. » Et que si les hommes ont atteint leur force physique à 20 ans, ils n'ont leur force] morale qu'à 40, époque où leur cerveau a atteint tout son développement et où l'homme est achevé. Notre ingénieur Schwickardi a été certes dans le progrès, eh bien, selon notre jeunesse qui n'a rien inventé mais qui profite des progrès faits par leurs pères.

elle se les applique et les méprise, et notre vieil inventeur malheureux n'était, disait-elle, qu'un aveugle ar-
riéré puisqu'il s'était laissé ruiner ; mais c'est, il est vrai,
par la puissance de rusés criminels dus au nouveau
progrès. Et vous, jeunesse éclairée, c'est par la flatterie
qu'on vous a fait ruiner, vous et votre pays ! « Cette le-
çon vaut bien son fromage », en conviendrez-vous ? Oui,
si vous n'êtes pas trop aveuglés par la vanité, ne voulant
pas convenir qu'on s'est servi de vous comme de la
patte du chat pour vous tirer vos marrons du feu, et cela
pour la 3ᵉ fois, est-ce être éclairé ? Convenez-en, ou vos
enfants tomberont dans le même piége. Vous dites : le
monde marche vers le progrès et ne peut reculer, c'est
vrai ; *mais, prenez-y garde*, celui du bien peut être pour
d'autre, le progrès du mal et du bien marchent ensemble.
Tout ce qui semble le plus beau en apparence dégénère
aujourd'hui en qualité. *Et les peuples dégénèrent
comme tout autre chose.* Aveuglés par leur vanité et par
leur présomption, les Juifs ne se sont-ils pas dit aussi le
peuple de Dieu, le plus avancé et le plus éclairé ? Eh
bien, ne se sont-ils pas attiré, par cet orgueil, toute la
haine des autres peuples, qui les ont envahis, dispersés et
dépassés après. Tout finit par dégénérer, ainsi le veut la
nature.

AUBERT.

Imp. G. A. PINARD et Cᵉ, 9, cour des Miracles.

www.ingramcontent.com/pod-product-compliance
Ingram Content Group UK Ltd.
Pitfield, Milton Keynes, MK11 3LW, UK
UKHW022351120726
13694UKWH00004B/1810